怪物

——わたしたちのべつの顔？

ピエール・ペジュ 文
ステファヌ・ブランケ 絵
伏見　操 訳

岩崎書店

もくじ

Chouette penser!：LE MONSTRUEUX

text by Pierre Péju
illustrated by Stéphane Blanquet
Originally published in France under the title
Chouette penser!：LE MONSTRUEUX
by Gallimard Jeunesse

Japanese translation rights arranged with Gallimard Jeunesse, Paris
through Motovun Co. Ltd., Tokyo
Japanese edition published
by IWASAKI Publishing Co., Ltd., Tokyo

Printed in Japan

怪《かい》物《ぶつ》

——わたしたちのべつの顔？

哲学

はじめに

1

ヒマラヤの雪男、イエティはおそろしい。人間なのか、猿人《えんじん》なのか、クマなのか。その正体《しょうたい》はなぞにつつまれ、さだかでないからだ。

ネス湖《こ》のネッシーはおそろしい。この巨大《きょだい》な魚とも恐竜《きょうりゅう》とも区別《くべつ》のつかぬ生き物は、スコットランドの暗い湖《みずうみ》の底《そこ》に今もじっと身《み》をひそめているのだろうか。

これらの不気味《ぶきみ》な生き物を、じっさいにはっきりと見た者はいない。怪物《かいぶつ》はしばしば人々の恐怖《きょうふ》や不安《ふあん》から生まれ、うわさ

イエティ
ヒマラヤ山脈《さんみゃく》に住むとされるなぞの生物。雪男ともいわれる。体長三メートル、全身《ぜんしん》が毛におおわれ、直立歩行するとされる。

ネッシー
イギリス・スコットランド北部にあるネス湖《こ》で多くの目撃例《もくげきれい》が報告《ほうこく》されるなぞの巨大生物《きょだいせいぶつ》。恐竜《きょうりゅう》時代に栄《さか》えた首長竜《くびながりゅう》のような姿《すがた》をしているとされる。

や伝説《でんせつ》がそのおそろしさに拍車《はくしゃ》をかける。

しかし怪物《かいぶつ》にたいする考えかた、つまりいったい人はどんなものを指して「怪物」とみなすのかを知《し》ることは、じつは人間とはなにかを知るヒントになるのではないだろうか。

正《せい》常《じょう》と異《い》常《じょう》

2

毎日の暮《く》らしにおいて、一見《いっけん》、すべてがごくふつうで、なにごともなくすぎていくように思える。太陽がのぼる、雨がふる、家族や友だちとのおしゃべり、道を行きかう人々。ネコはのどをごろごろ鳴らし、ヒツジは自分とそっくりの子ヒツジを産《う》む。異常なものはなにもない。

「正常」とは世《よ》の中《なか》の常識《じょうしき》や習慣《しゅうかん》に合っているということ。そしてなにより、わたしたちの知《し》っている物理《ぶつり》の法則《ほうそく》や生物学や遺伝《いでん》の法則に合っているということだ。物は重力《じゅうりょく》にしたがって落下してこそ正常《せいじょう》だし、サルが産《う》む子はサルであるのが正常というものだ。

そしてまた、自分の属《ぞく》する社会や時代が定《さだ》める基準《きじゅん》からはずれた行動をしないということもふくまれる。

子どもはよく学校で、「ふつう」でいようと努力する。そして思春期《ししゅんき》になると、しばしば他人とちがっていることをこわがったり、その逆《ぎゃく》にわざとふつうとはちがうようにふるまったりする。

しかし、あるていどの「ふつうさ」がなかったら、平和《へいわ》で落ちついた社会生活はおくれない。「ふつうさ」とは、世《よ》の中《なか》の基準になるものだからだ。

だがとつぜん、なにもかもがおかしくなってしまったら、どうなるだろう？　空から雨のかわりにヒキガエルがふってきたら？　いきなりヒツジに、頭がふたつに足が五本ある子ヒツジが生まれたら？　道ですれちがう老人《ろうじん》の体が赤んぼうだったら？

　想像《そうぞう》をはるかに超《こ》えるものにおどろいたとき、わたしたちは「すごい！」「とんでもない！」「ふつうじゃない！」などと言う。「超《ちょう》自然現象《げんしょう》だ」という人もいるだろう。それは一般的《いっぱんてき》な自然の法則《ほうそく》を超える存在《そんざい》や現象があることを知《し》っているからだ。

　ところがその異常《いじょう》さがあまりにけたはずれで、おそろしいものになると、わたしたちは「くるっている」「化《ば》け物《もの》じみている」「怪物《かいぶつ》だ」などと言う。

フリードリヒ・ニーチェ
（１８４４年〜１９００年）
ドイツの哲学者《てつがくしゃ》。「神《かみ》は死《し》んだ」という言葉で有名《ゆうめい》。キリスト教的な価《か》値《ち》をひっくりかえして、新しい価値の創造《そうぞう》を説《と》いた。古典語《こてんご》に堪能《たんのう》で、ドイツ語で話しながらそれをそのままギリシャ語で板書《ばんしょ》していたといわれる。

怪物《かいぶつ》と戦《たたか》う者は、
自分が怪物になってしまわないように
用心しなくてはならない。
奈落《ならく》を長く見つづけると、
やがて奈落もあなたを見つめかえしてくるから。

ニーチェ

たとえば波《なみ》がビルのような高さになり、何百キロにもわたって、人も海岸ものみこんでしまう津波《つなみ》のことを、フランス語では「化け物波《ヴァーグ・モンストリューズ》」とよぶ。ひじょうにまれではあるが、きちんと説明のつく物理現象《ぶつりげんしょう》だと思うより、得体《えたい》の知《し》れない怪物《かいぶつ》のおそろしい力をイメージするほうがしっくりくるのだ。

また、ある一部の人間が何万人もの人を虐殺《ぎゃくさつ》したと聞くと、わたしたちはそれを「化《ば》け物《もの》じみている」と思う。自分とおなじ人間がしたことというより、野獣《やじゅう》や怪物のしわざのように感じるからだ。

みなさんは「エレファントマン」という、実在《じつざい》の人物をモデルにした映画《えいが》を見たことがあるだろうか？　主人公《しゅじんこう》は、こぶや

イボだらけの、「ふつう」の三倍もある頭をした若者《わかもの》で、まわりからは「エレファントマン（ゾウ男）」とよばれていた。

このように動物の名と「男（または「女」）」という文字を組み合わせると、ある人間が「異常《いじょう》でおそろしい」存在《そんざい》であることをあらわす言葉になる。「オオカミ男」「ヘビ女」などは、そのいい例《れい》だ。

種類《しゅるい》のちがう生き物をかけあわせることを、科学《かがく》では「交《こう》雑《ざつ》」とよぶ。ゾウ×人間、ヘビ×人間のように、びっくりするような「交雑」で生まれたものを想像《そうぞう》して、人々はおそれをいだき、異常だ、怪物《かいぶつ》だと考えるのだ。

3 怪《かい》物《ぶつ》ってなんだろう?

ある生き物や現象《げんしょう》が、あまりにとほうもなかったり、自分とかけはなれていたりすると、わたしたちは「怪物のようだ」と感じて、ひどくこわくなる。

「怪物じみているもの」、それはおどろくべきもの、とんでもないこと、心を強くかきみだすもの。

怪物など存在《そんざい》せず、ただの古《ふる》い迷信《めいしん》だと思っていても、わたしたちの心の奥底《おくそこ》には、人間の知《ち》を超《こ》えたものをおそれると同《どう》時《じ》に、それを望《のぞ》む気持ちが脈々《みゃくみゃく》と息《いき》づいている。不気味《ぶきみ》なものをきらいながらも、ひきつけられずにはいられない。人はそのことにほんろうされるのだ。

はかり知《し》れないもの、おそろしいものは、わたしたちを魅《み》了《りょう》する。ちょうど頭髪《とうはつ》はヘビで、イノシシの牙《きば》をもった悪名《あくめい》高い怪物《かいぶつ》メデューサが、見る人すべてをひきつけ、石にしてしまったように。

英語で怪物をあらわす「monster《モンスター》」は、ラテン語で「ひきつけるもの」「魅了するもの」、そして「見せるべきもの」を意味する「monstrum《モンストゥルム》」からきている。また、おなじく「monstrum《モンストゥルム》」を語源《ごげん》にもつフランス語「monstrueux《モンストゥリュー》」は、さいしょ、「奇跡《きせき》」という意味をもっていた。やがてそれが「想《そう》

メデューサ
ギリシャ神話《しんわ》に登場する怪《かい》物《ぶつ》。もとは美女《びじょ》であったが、女神《めがみ》アテナの怒《いか》りをかい、怪物の姿《すがた》となる。英雄《えいゆう》ペルセウスによって退治《たいじ》された。

像《ぞう》を超《こ》えたもの」「ゆがんだもの、いびつな形」をあらわすようになり、おおよそ人間らしくない人間、つまり神《かみ》のしわざか自然の不幸《ふこう》なぐうぜんにより、なにかべつの種類《しゅるい》の生き物との混血《こんけつ》のように見える人間にたいして使われるようになった。

しばらく前までサーカスや見世物小屋《みせものごや》には、ひげ女や小人《こびと》など「怪物《かいぶつ》」とよばれる人々がいて、彼《かれ》らを見世物にすることで、お金をとっていた。

かつて長いあいだ、極端《きょくたん》に背《せ》が低《ひく》かったり高かったりする人や、障《しょう》がいをもって生まれた子ども、狂人《きょうじん》などは、「化《ば》け物《もの》」とみなされていたし、身体《からだ》や薬《くすり》について特別《とくべつ》な知識《ちしき》がある女性《じょせい》は、「魔女《まじょ》」とよばれておそれられた。魔女は鉤《かぎ》のような指や

くちばしをもち、フクロウのように空を飛ぶことができると信《しん》じられ、人々はその魔力《まりょく》から身《み》を守《まも》るため、魔女と思われる女《じょ》性《せい》を火あぶりにしたのだ。

ハンセン病《びょう》や**ペスト**の患者《かんじゃ》もまた、化《ば》け物《もの》あつかいされたし、キリスト教徒は異教徒《いきょうと》や無信心《むしんじん》な人を「化け物」とよんだこともあった。

　自分たちとひじょうにちがっていて、あまりにけたはずれな存在《そんざい》を、人はおそれ、拒絶《きょぜつ》し、「怪物《かいぶつ》」「化け物」とよぶ。なにかはっきりした基準《きじゅん》や根拠《こんきょ》があってのことではなく、ただ漠然《ばくぜん》と、自分たちとはちがった世界に属《ぞく》すると思われる者を指す。

哲学《てつがく》はこうしたあいまいさを好《この》まない。**なぜなら哲学とは、**

ハンセン病《びょう》
「らい菌《きん》」という細菌《さいきん》によって引《ひ》き起《お》こされる感染症《かんせんしょう》。病気がすすむと手足などが変形することがあり、患者《かんじゃ》は差別《さべつ》されることが多かった。現在《げんざい》の医学《いがく》では、治癒《ちゆ》が可能《かのう》である。

ペスト
ペスト菌が体内《たいない》に入ることにより発症《はっしょう》する感染症。かつては死亡率《しぼうりつ》が高く、患者の皮膚《ひふ》が黒くなることから黒死病《こくしびょう》とよばれ、おそれられた。十四世紀《せいき》、ヨーロッパで大流行《だいりゅうこう》し、多くの人が命《いのち》を落とした。

人間の考える力、理解《りかい》しようという欲求《よっきゅう》の上になりたち、世界や人の心のなかにある得体《えたい》の知《し》れない部分を解《と》きあかそうとするものだからだ。よって、恐怖《きょうふ》やおどろきから生まれた幻《まぼろし》をきらう。そんな幻が生みだした怪物《かいぶつ》こそ、哲学《てつがく》がなくそうとつとめているものにほかならないのである。

4

怪《かい》物《ぶつ》からの誘《ゆう》惑《わく》

古代《こだい》ギリシャ人によると、得体《えたい》の知《し》れないドロドロしたものがうごめいていた混沌《こんとん》（彼《かれ》らはこれを「カオス」とよんだ）から世界は誕生《たんじょう》し、少しずつ宇宙《うちゅう》（彼らはこれを「コスモス」とよんだ）が形づくられていった。

「怪物」や「異常《いじょう》」なものがこわいのは、それがわたしたちに、まだ動物と人間の区別がはっきりせず、ただ万物《ばんぶつ》がドロドロに渦巻《うずま》いていた、おそろしい混沌を思いださせるからだ。

今日《こんにち》、科学《かがく》の進歩《しんぽ》と理性《りせい》により、わたしたちは「怪物《かいぶつ》」や「異常《いじょう》なもの」への恐怖《きょうふ》や衝動《しょうどう》をおさえることができるようになった。

いわゆる「ふつう」とはちがう外見《がいけん》をもった存在《そんざい》を化《ば》け物《もの》よばわりすることはなくなったし、わたしたちの祖先《そせん》が、奇跡《きせき》や神《かみ》や悪魔《あくま》のしわざ、もしくは自然が狂気《きょうき》にかられて生みだしたのだと信《しん》じていた現象《げんしょう》は、たんに病気《びょうき》や遺伝子《いでんし》がきずついているだけで起《お》こることも知《し》っている。たったひとつの遺伝子を変えるだけで、ある動物の外見を完全《かんぜん》にべつのものにすることだってできるのだ。

現代《げんだい》の哲学者《てつがくしゃ》や医者《いしゃ》たちは、「正常《せいじょう》」と「異常《いじょう》」のあいだに

フォルチューニオ・リチェティ
（1577年～1657年）
イタリアの科学者《かがくしゃ》。人間のさまざまな奇形《きけい》や、動物と人間がまざった怪物《かいぶつ》などを、想像《そうぞう》をまじえて描《えが》いた。当時《とうじ》、怪物は神《かみ》の罰《ばつ》として生まれると信《しん》じられていたのにたいし、リチェティはたんに成長過程《せいちょうかてい》で異《い》常《じょう》が起《お》こったためだと考えた。

ある動物が親とはぜんぜんちがう、
めったにない、おどろくべき姿形《すがたかたち》をしていて、
しかもどこか人間に似《に》かよった部分をもっている場合、
わたしはそれを「化《ば》け物《もの》」とよぶ。

フォルチューニオ・リチェティ

は大きなちがいはないことをしめした。ごくふつうの姿《すがた》の生き物とめったにない姿の生き物を生みだすのは、おなじ自然の法《ほう》則《そく》なのだ。

ひとつの体にふたつの頭、二本の手、四本の足をもつ結合性《けつごうせい》の双子《ふたご》のように、目を疑《うたが》いたくなるような姿形《すがたかたち》であっても、つねに科学的《かがくてき》に説明がつく。

自分たちがあたりまえに思っている「正常」と「異常」の基《き》準《じゅん》は、時代や国によってかんたんに変わるものだということを、わたしたちは肝《きも》に銘《めい》じておくべきだ。ほんの小さなちがいから、「正常《せいじょう》」が「異常《いじょう》」に変わってしまうことは大いにありえるのだから。

5 怪《かい》物《ぶつ》、それは神《かみ》からのしるし？

ずっと長いこと、人間は怪物がいつもほんの近くにいるものだと信《しん》じて暮《く》らしてきた。そして怪奇《かいき》なものや異常《いじょう》なものは、彼岸《ひがん》からのサインだと信じていた。よい知《し》らせや悪《わる》い知らせをつたえてくれる、神や運命《うんめい》、または悪魔《あくま》からの合図《あいず》だと思っていたのだ。

たとえば聖書《せいしょ》にはたくさんの怪物が登場する。まずはエデンの園《その》のヘビ。ずるがしこく、神にそむくようにイブをそそのかす。またはヨハネの黙示録《もくしろく》にでてくる、七つの頭と十の角《つの》をも

彼岸《ひがん》
この世《よ》とは異《こと》なった想像《そうぞう》上の場所のこと。

つ怪物《かいぶつ》。それからヨブ記に登場する、なんでもひとのみにしてしまう怪物、リヴァイアサン。

聖書《せいしょ》において、怪物たちはしばしば「混乱《こんらん》」をあらわし、とくに神《かみ》と反対《はんたい》の意味での「悪《あく》」を象徴《しょうちょう》する。そうして「悪」である怪物を、人間や聖人《せいじん》がたおそうとする。それは信者《しんじゃ》たちに、生きていくうえでさけることのできない善《ぜん》と悪の対立《たいりつ》を、わかりやすくつたえているのだ。

ところが古代《こだい》エジプト人は、怪物にたいして悪いイメージをもっていなかった。だから、なにかの異常のせいで背中《せなか》が曲《ま》がっていたり、体が極端《きょくたん》に小さかったり、あるいは気がくるっていても、そんな人間はむしろ、おそれと尊敬《そんけい》をもってうけ入れら

れた。彼《かれ》らを通じて神々《かみがみ》がメッセージを送ろうとしているのだと、古代エジプト人は考えたのだ。

たとえば死者《ししゃ》をあの世《よ》にみちびく神として敬《うやま》われたアヌビスは、ジャッカルの頭と人間の体をもっていたし、知恵《ちえ》と文字をつかさどる神のトートは、トキの頭をもっていた。

しかしもっとも独特《どくとく》で、目をそむけたくなるような姿《すがた》をしていたのは、ベスだろう。ふくれあがった腹《はら》に、舌《した》をつきだした、しかめ顔。なんともみにくく、ちぢこまった体をしたベスは、古代《こだい》エジプト人に愛《あい》され、尊敬《そんけい》され、守護神《しゅごしん》としていたるところにまつられていた。その姿が異様《いよう》であればあるほど、悪霊《あくりょう》を追《お》いはらうことができ、妊婦《にんぷ》や子どもや家を守《まも》ってくれると考

えられていた。そう、おどろくべきことに、ベスの奇怪《きかい》さこそが人々に安心《あんしん》をあたえていたのだ。

また、エジプト神話《しんわ》でいちばん有名《ゆうめい》な怪物《かいぶつ》といえば、スフィンクスだ。人間の頭にライオンの体、なぞめいた瞳《ひとみ》。巨大《きょだい》な身《み》を伏《ふ》せて、死者《ししゃ》と墓《はか》の番をしていると信《しん》じられていた。

古代《こだい》エジプトでは、人間と人間でないものの境目《さかいめ》がはっきりしていなかった。理性的《りせいてき》な説明と神話の区別《くべつ》も、生きている者と死んでいる者の区別もない。そんな世界では怪物はいたるところにいて、だれもかれもが怪物だった。でもそれが、ごくふつうのことだったのである。

6

人間と怪物《かいぶつ》が区別《くべつ》されていったこと

ギリシャ神話《しんわ》では、世界のはじまりにおいて創造《そうぞう》されたのは、わたしたちが知《し》っているような人間ではなかった。さいしょに混沌《こんとん》があり、そこから分かれて生まれてくるのは、どれも怪物じみたものばかり。まずは大地の神《かみ》ガイアが誕生《たんじょう》し、このガイアが天空の神ウラノスを産《う》む。夫婦《ふうふ》になったふたりのあいだから生まれてくるのは、巨人《きょじん》のタイタン族やひとつ目の巨神《きょしん》キュクロプス族といった怪物たちだ。

父であるウラノスは、みにくい子どもたちの誕生《たんじょう》に怒《いか》り、息《むす》子《こ》をみなガイアのお腹《なか》のなかにもどそうとしたので、子どものひとりクロノスが、母ガイアの助《たす》けを得《え》て、ウラノスの性器《せいき》を鎌《かま》で切《き》り、父を追放《ついほう》する。

そのとき、ウラノスに「いつかおまえも自分の子に権力《けんりょく》の座《ざ》を奪《うば》われるぞ」と予言《よげん》されたクロノスは、妻《つま》レアとのあいだにできた五人の子どもをつぎつぎとのみこんでしまう。悲しんだレアは、六人目の子どもをクレタ島の洞窟《どうくつ》にかくし、成長《せいちょう》したその息子が父の腹《はら》を切りひらき、兄姉を助けだす。いやはや、なんとおそろしい話だろう！

父の腹を切りさいた息子はゼウスといい、ゼウスと彼《かれ》が助け

た兄姉は、怪物《かいぶつ》ではなく、神《かみ》になった。これがオリンポスの神々である。彼《かれ》らはタイタン族や巨人《きょじん》族とはげしい戦《たたか》いをくりひろげる。

古代《こだい》ギリシャ人にとって、人間はさいしょから人間として生まれたのではなく、怪物《かいぶつ》や人間でないものから、少しずつゆっくりと現在《げんざい》ある形へとつくられていったものなのだ。

くわえて古代ギリシャ人は、怪物を人間の正反対《せいはんたい》の存在《そんざい》とは思っていなかった。聖書《せいしょ》で語られるような、悪《あく》の象徴《しょうちょう》でもない。彼らにとって怪物とは、そこから人間が発生《はっせい》したもの。わたしたち人間はその得体《えたい》の知《し》れない存在から生まれ、その一部をずっと内《うち》に秘《ひ》めているのだ。

ブレーズ・パスカル

（1623年〜1662年）フランスの哲学者《てつがくしゃ》、数学者、物理《ぶつり》学者、宗教《しゅうきょう》学者。とくに数学にかんして早熟《そうじゅく》の天才《てんさい》で、十代で計算機を設計《せっけい》。乗合馬車《のりあいばしゃ》（バスの原型《げんけい》）も考案《こうあん》した。死後出版《しごしゅっぱん》された『パンセ』のなかで、「人間は考える葦《あし》である」という言葉を残《のこ》している。

手も足も頭もない人間は想像《そうぞう》がつくが（中略《ちゅうりゃく》）、
考えのない人間は想像することができない。
それは人ではなく、石か獣《けもの》だ。

パスカル

だが、おもしろいことに、古代《こだい》ギリシャ人は怪物《かいぶつ》というものに慣《な》れ親《した》しんでいたそのいっぽうで、それを遠ざけようともしたようだ。想像《そうぞう》上の生き物だらけの、おどろおどろしい神話《しんわ》をもちながら、ギリシャ人はまた哲学《てつがく》も発明《はつめい》した。哲学は、想像や感情《かんじょう》によって現実《げんじつ》をねじ曲《ま》げることなく、世界について考えをめぐらす。そんな哲学にとって、怪物的なものは人の心を強くとらえはするが、けっきょくただの幻《まぼろし》にすぎないのだ。

哲学とは「知恵《ちえ》」をもとめるもの。正しくものごとを見とおすかしこさや、理性《りせい》をもって考える力をさがしもとめている。だから、「怪物」じみた考えかたや行動は、哲学がめざすもののちょうど反対《はんたい》だ。でもじっさいには、人間が怪物とどうちが

うのかをはっきりと理解《りかい》できてこそ、哲学《てつがく》にも人間とはなにかということがわかってくるはずなのだ。

さて、キリスト教文化《ぶんか》には、エジプト文化ともギリシャ文化ともちがう、ある独特《どくとく》な点がある。古代《こだい》エジプトや古代ギリシャでは、ときに怪物的《かいぶつてき》な面をもつ、さまざまな種類《しゅるい》の神《かみ》を信《しん》じていたが、キリスト教ではたったひとりの全能《ぜんのう》の神だけを信じるのだ。

そして人間のもとにおとずれるとき、神は人間の姿《すがた》をとった。それが神の子、イエス・キリストである。また、人々が本や絵のなかに描《えが》くキリスト教の父なる神は、かしこくやさしく、おだやかな老人《ろうじん》で、怪物とはとうていかけはなれた姿をしている。

キリスト教においてなによりおそろしい罪《つみ》は、神《かみ》への反逆《はんぎゃく》である。つまり神にそむき、禁《きん》を破《やぶ》ることだ。神への罪《つみ》は、「悪《あく》魔《ま》」という不気味《ぶきみ》な怪物《かいぶつ》の姿《すがた》を使ってあらわされた。悪魔は聖《せい》書《しょ》にはほとんど登場しないが、中世《ちゅうせい》になると、ヨーロッパの人々は悪魔を悪意《あくい》や裏切《うらぎ》りの象徴《しょうちょう》としてひじょうにおそれるようになる。

修道士《しゅうどうし》たちは、古代《こだい》ギリシャの酒《さけ》と酔《よ》いの神ディオニュソス（人間の頭にヤギの体と角《つの》をもつ）から発想《はっそう》を得《え》て、悪魔の姿を描《えが》いた。

悪魔はドラゴンのように火をふき、いつでもどんなところにでも出現《しゅつげん》する。そしてひじょうに性的《せいてき》に描かれていた。という

のも、異性《いせい》の肉体《にくたい》をもとめる「肉欲《にくよく》」や「性欲《せいよく》」はキリスト教徒にとって、たいへん大きな罪《つみ》だからだ。男女のあいだの性《せい》生活がごく自然で、さまざまな形があるとうけ入れられるのは、やっと二十世紀《せいき》になってからのことだった。

7 怪《かい》物《ぶつ》を退《たい》治《じ》する英《えい》雄《ゆう》と怪物をつくりだそうとする人々について

ギリシャ人はしばしば怪物を使って、人間の内《うち》にあるなぞや不《ふ》可《か》解《かい》な部分を描《えが》いた。たとえばエジプトのスフィンクスを自分たちなりに変えて、ギリシャ神《しん》話《わ》に登場させた。

ギリシャのスフィンクスは、上《じょう》半《はん》身《しん》は美《うつく》しい女性《じょせい》、下半身はライオン。道行く旅人たちに、「朝は四本足、昼は二本足、夜は三本足。これはなにか？」となぞをかけ、答えられないと生きたまま丸《まる》のみにしてしまう。

オイディプスという若者《わかもの》がテーベに行く途中《とちゅう》で、このおそろしいスフィンクスに出会う。そして知恵《ちえ》を使い、「人間は赤んぼうのときは、はいはいで四本足、成長《せいちょう》して二本足、年をとって杖《つえ》をつけば三本足だ」と答える。答えをあてられたスフィンクスは、岩《いわ》から海に身《み》を投《な》げて死《し》ぬ。

こうしてオイディプスは多くの村と村人たちを救《すく》った。人間のもつ「考える力」だけを武器《ぶき》に、恐怖《きょうふ》をのりこえ、怪物《かいぶつ》を倒《たお》した彼《かれ》は、英雄《えいゆう》と言えるだろう。

さて、このオイディプスのエピソードは、人間と人間的でないものの戦《たたか》いの象徴《しょうちょう》、また人間が怪物と決別《けつべつ》する象徴となった。

これ以降《いこう》、人間の姿《すがた》をしたものこそが正常《せいじょう》だとされるように

オイディプス

ギリシャ神話《しんわ》中の人物。テーベ王ライオスとイオカステの子。「父を殺《ころ》し、母を妻《つま》とする」という神《かみ》のお告《つ》げにより、生まれてすぐに捨《す》てられる。だが成長《せいちょう》した後、父とは知《し》らずに父を殺してしまう。そしてスフィンクスのなぞを解《と》いたことでテーベ王となり、母を妻とした。

なり、かつてギリシャ神話《しんわ》の登場人物たちが世界のさいしょにしていたようなむごいおこないは、道をはずれる狂気《きょうき》じみたものとされるようになった。そうして現在《げんざい》、わたしたちはきちんと筋道立《すじみちだ》った、明白《めいはく》な考えこそが「正常《せいじょう》」で、**「怪物《かいぶつ》」＝「人間的でないもの」とみなしているのである。**

ところが、怪物を倒《たお》す英雄《えいゆう》とは反対《はんたい》に、怪物をつくりだそうとする者もあらわれた。人間としての能力《のうりょく》だけでは満足《まんぞく》できず、神《かみ》をまねて全能《ぜんのう》の力を手に入れようとしたのだ。ちょうど**メアリー・シエリー**の小説にでてくる、狂気《きょうき》にかられた科学者《かがくしゃ》、ヴィクター・フランケンシュタインのように。

若《わか》きフランケンシュタインは命《いのち》のなぞを解《と》きあかすという野《や》

メアリー・シエリー
（1797年～1851年）
イギリス人の作家で『フランケンシュタイン』の作者。SF《エスエフ》の先駆者《せんくしゃ》とよばれる。

望《ぼう》にとりつかれ、研究《けんきゅう》を重ねたすえに、死体《したい》をつなぎあわせて怪物《かいぶつ》をつくることに成功《せいこう》する。ところがこの怪物は、創造者《そうぞうしゃ》であるフランケンシュタインの手にも負《お》えなくなり、あたりに不《ふ》幸《こう》をまきちらし、ついには自分自身《じしん》も不幸のなかで死《し》んでいく。フランケンシュタインはこえてはならない一線をこえてしまったのだ。

このエピソードは、人間のもつもうひとつの強い欲望《よくぼう》をうきぼりにする。それは生まれもっての姿《すがた》に手をくわえ、ちがう自分を手に入れたいという欲望だ。

これはたいへんむずかしい問題だ。今日《こんにち》、科学《かがく》は目ざましい進歩《しんぽ》をとげ、学者はたとえば人工《じんこう》の子宮《しきゅう》を使って赤ちゃんをつ

くることも、遺伝子《いでんし》を操作《そうさ》して、生き物の姿形《すがたかたち》を変えることもできる。背中《せなか》のまんなかに耳のついたネズミをつくりだすことだって可能《かのう》だ。そんなとんでもない力を手に入れた科学《かがく》は、はたして怪物《かいぶつ》になってしまったと言うべきなのだろうか？

それとも、人間は生物のなかで唯一《ゆいいつ》、自分の在《あ》りかたについて、自分とはなにかについて考える存在《そんざい》であるから、結果《けっか》にきちんと責任《せきにん》さえとれば、人間本来《ほんらい》の姿がなにかということを考えなおし、肉体《にくたい》や性質《せいしつ》を操作《そうさ》して、どんどん新しくつくり変えていくことすらゆるされるのだろうか？

人間の手で突然変異《とつぜんへんい》を起《お》こすのはおそろしいことなのか、それとも反対《はんたい》に人間に利益《りえき》をもたらすこともあるのか？

現代《げんだい》の化《ば》け物《もの》とは、科学《かがく》のことなのだろうか？　もし核爆発《かくばくはつ》が起《お》これば、地球はふたたびカオスになる。天地創造《そうぞう》のカオスではなく、死《し》のカオスに。科学技術《ぎじゅつ》が、まるでフランケンシュタインのつくった怪物《かいぶつ》のように、どんどん大きくなり、ついに止められなくなる日がきてしまうのではないか？

人間は自分たちが怪物をつくりだすことができることを自覚《じかく》しなくてはならない。必要以上《いじょう》にこわがることはないが、自分たちがどんなものを新たにつくりだそうとしているのか、しっかりと意識《いしき》して、考えることが大切だ。

理性《りせい》を使えば行きすぎに気づき、きちんと舵《かじ》をとることができる。科学を全能《ぜんのう》だと思いこんだり、技術を暴走《ぼうそう》させたりした

ときにはじめて、科学《かがく》は怪物《かいぶつ》になるのだ。

たしかに一歩まちがえるととんでもないことになる科学技《ぎ》術《じゅつ》だが、正しく使えば、ひじょうに役《やく》に立つ。たとえば心臓移《しんぞうい》植《しょく》などは、むかしの人が見たら化《ば》け物《もの》じみた、とんでもない行《こう》為《い》だろうが、それでだれかの命《いのち》を救《すく》うことができる。

だからこそ怪物的なもの、得体《えたい》の知《し》れないおそろしいものを、ただ忌《い》みきらって切《き》り捨《す》てようとするのではなく、むしろ反対《はんたい》にしっかり正面《しょうめん》から見つめ、よい面、悪《わる》い面をふくめて分析《ぶんせき》し、理解《りかい》しようとしなくてはならない。そして怪物じみたもののなかにも、ひじょうに人間らしい部分があること、つまり人間のじつに人間らしい部分こそが怪物を生みだしていることを知っ

ておくべきなのだ。

8 自分や他人のなかにいる怪物《かいぶつ》

「怪物」とは「自分とはまったくちがったなにか」ではない。得体《えたい》の知《し》れない怪物は、もともとわたしたち自身《じしん》の一部だったし、永遠《えいえん》にそうなのだ。

子どもはそれを本能的《ほんのうてき》にわかっている。だから身《み》の毛《け》もよだつような怪物がでてくる昔話《むかしばなし》を聞きながら、きゃっきゃっと声をあげてわらったりする。こわがることを楽しんでいるのだ。

また子どもは怪物が大好《だいす》きだ。とくに長編《ちょうへん》アニメにでてくるトトロのような「やさしい怪物《かいぶつ》」を好《この》む。こういった怪物のもつうとちがう部分や、動物に近い部分に親近感《しんきんかん》をおぼえるのだ。なぜなら子どもたち自身《じしん》もそれと似《に》た部分をもっているから。

なんでも好《す》きなようにしたいという空想《くうそう》を、巨大《きょだい》な怪物《かいぶつ》は満《み》たしてくれる。怪物にくらべれば、大人《おとな》だって親だって、弱くて「小さい」ものに見える。これが子どもにはたまらないのだ。

だが、わたしたちは自分のなかにいる怪物やゆがんだ部分に気づくと、ひどく不安《ふあん》になることも多い。生きていると、ときどきふと自分がまわりの人とあまりにちがっていると感じ、自分はふつうではないのではないか、もしかしたら少し変なのではないかと心配になることがあるものだ。

ミシェル・トゥルニエ

（1924年〜）
現代《げんだい》フランスを代表《だいひょう》する作家。パリ生まれ。ラジオ局《きょく》、出版社《しゅっぱんしゃ》につとめた後、作家になる。主《おも》な作品に『魔王《まおう》』『フライデーあるいは太平洋の冥界《めいかい》』など。児童書《じどうしょ》も多く書いている。

怪物《かいぶつ》にならないためには、
仲間《なかま》や種族《しゅぞく》、または両親に似《に》ていなくてはならない。
そうでなければ子どもをつくって、
新しい種《しゅ》のさいしょのひとりになればいい。

ミシェル・トゥルニエ

太《ふと》りすぎていたり、やせすぎていたり、みにくかったりといった外見《がいけん》のこと。趣味《しゅみ》や好《この》みが人とちがうというような内面《ないめん》のこと。わたしたちはそういったことになやみ、苦《くる》しみ、まるでフランケンシュタインがつくった怪物《かいぶつ》のようになみだを流す。

そしてときに、家族にも友だちにも理解《りかい》されていないと感じる。**自分がまわりとはちがっていて、怪物みたいにきらわれている気がしてしまうのだ。**

チェコの作家**フランツ・カフカ**は『変身《へんしん》』という小説で、ある朝、目がさめたら、巨大《きょだい》なゴキブリになっていた若者《わかもの》を描《えが》いた。主人公《しゅじんこう》グレーゴルがベッドのなかで目をさますと、体は甲《こう》殻《かく》におおわれ、手足は昆虫《こんちゅう》の足に変わっていた。それは悪夢《あくむ》で

フランツ・カフカ
（1883年～1924年）
チェコの作家だが、ドイツ語で小説を書いた。法律《ほうりつ》を勉強した後、保険《ほけん》局《きょく》につとめながら執筆《しっぴつ》をつづけた。『変身《へんしん》』の作者であり、二十世紀《せいき》を代表《だいひょう》する作家のひとり。

はなく現実《げんじつ》で、まもなく家族もいやらしい害虫《がいちゅう》になったグレーゴルを発見する。

変身《へんしん》する、つまりべつのなにかに変わるということは、怪物《かいぶつ》の特徴《とくちょう》のひとつだ。決《き》まった姿形《すがたかたち》をもたず、どの種族《しゅぞく》に属《ぞく》するのか、人間なのか動物なのか、人間なのか神《かみ》なのか、その境目《さかいめ》がはっきりしないまま、まざりあっている。

それにしても、自分がべつの体に変身したり、朝、目がさめるとなにかべつのものになっていたりするなんて。想像《そうぞう》しただけでも背筋《せすじ》がぞっとする。

カフカの『変身』が大成功《だいせいこう》をおさめた理由のひとつに、グレーゴルの家族の反応《はんのう》のしかたがある。彼《かれ》らの態度《たいど》は、ほとんどの

人がおなじ状況《じょうきょう》になったら、そうするであろうものだった。両親と妹は自分たちの理解《りかい》を超《こ》え、気味《きみ》の悪《わる》い行動をするグレーゴルを、人間ではなく、化《ば》け物《もの》としてあつかったのだ。

思わぬふるまいをする相手《あいて》の人間性《にんげんせい》をみとめず、害虫《がいちゅう》のようにあつかうことは、たやすくはあるが、あまりに乱暴《らんぼう》だ。そのほこ先が外国人や外国の文化《ぶんか》にむけられたとき、人種差別《じんしゅさべつ》が生まれる。

人はみな、自国の基準《きじゅん》こそがいちばん正しく、外国の習慣《しゅうかん》はなにやら得体《えたい》が知《し》れないと考えがちだ。見たことのない料理、全身《ぜんしん》に刺青《いれずみ》を入れる習慣、まったくちがった身《み》のこなしや話しかた。そういったものを人は異様《いよう》に感じることが多い。とくに

生まれた国から出たことがなく、自分のものさしだけで相手《あいて》を量《はか》ろうとする場合はなおさらだ。

ともに「野蛮《やばん》な」「未開《みかい》の」を意味する英語の「barbarous《バーバロス》」やフランス語の「barbare《バルバール》」は、ギリシャ語で「外国」や「外国人」をあらわす「barbaros《バルバロス》」からきている。「barbaros《バルバロス》」は外国語を「動物語」とみなし、「バーバーバー」とわけのわからない声で鳴いているとして生まれたもので、古代《こだい》ギリシャ人にとって、外国人は人間の形をした動物のようなものだったのだ。

このことからもわかるように、自分とちがうものを異常《いじょう》とみなす傾向《けいこう》は、いつの時代にも、どの場所にもあったのである。相手を異常と決《き》めつけ、おそれる心の裏《うら》には、自分はまとも

だと思う心がかくされている。なにも疑《うたが》わずに相手《あいて》を怪物《かいぶつ》あつかいしてこわがっていれば、自分の側《がわ》はこれでよいと安心《あんしん》できる。お手軽《てがる》に自分は正常《せいじょう》だと思って喜《よろこ》んでいられるのだ。

9 歴《れき》史《し》上、政《せい》治《じ》上の怪《かい》物《ぶつ》

今日《こんにち》、「怪物のような」「化《ば》け物《もの》じみた」という形容詞《けいようし》は、道《どう》徳《とく》に反《はん》するものに使われることが多い。とくにだれかが想像《そうぞう》を超《こ》えるほど邪悪《じゃあく》なことをして、とうていゆるすことのできないような場合だ。

「化け物じみたこと」、それはけたはずれに残酷《ざんこく》で、ゆがんでいる犯罪《はんざい》を指す。たとえば、平気《へいき》でむごい拷問《ごうもん》や処刑《しょけい》をする兵《へい》士《し》や軍隊《ぐんたい》。**集団大虐殺《しゅうだんだいぎゃくさつ》**などのおそろしい**戦争犯罪《せんそうはんざい》**。人を殺《ころ》すことに喜《よろこ》びを感じる、血《ち》もなみだもない連続殺人鬼《れんぞくさつじんき》。すべて人間

集団大虐殺《しゅうだんだいぎゃくさつ》
人種《じんしゅ》、国家、宗派《しゅうは》などの理由による、計画的な大量殺《さつ》人《じん》。

戦争犯罪《せんそうはんざい》
国際条約《こくさいじょうやく》で決《き》められた戦争の規則《きそく》を犯《おか》す行為《こうい》。たとえば侵略《しんりゃく》戦争をおこなったり、一般《いっぱん》の人々を大量に殺《さつ》害《がい》したり、政治《せいじ》や人種、宗《しゅう》教《きょう》上の迫害《はくがい》をすること。

のしたことではあるけれど、あまりにむごたらしくて、「化《ば》け物《もの》」としか言いようのない行為《こうい》だ。

または歴史《れきし》において、巨大《きょだい》な権力《けんりょく》がひとりの暴君《ぼうくん》や少数のグループ、もしくはひとつの国に集中したとき、そしてある狂気《きょうき》に満《み》ちた考えをきっかけに、大量殺人《さつじん》が起《お》こったり、人々を苦《くる》しめたりするとき。

ある宗教的《しゅうきょうてき》考えや政治的《せいじてき》考えを**盲目的**《もうもくてき》に信《しん》じ、それをおしつけることで、何千、何万という犠牲者《ぎせいしゃ》をだすことがある。ひとつの考えにたいして「狂信的《きょうしんてき》」になると、他人が自分とちがう考えをもつことがゆるせなくなり、話しあいではなく、人を殺《ころ》すことでおしつけようとしてしまう。それが**過激主義**《かげきしゅぎ》や

盲目的《もうもくてき》
愛情《あいじょう》、情熱《じょうねつ》、衝動《しょうどう》などによって、理性的《りせいてき》な判断《はんだん》ができないさま。

過激主義《かげきしゅぎ》
自分や所属《しょぞく》する集団《しゅうだん》の主義《しゅぎ》主張《しゅちょう》を通すためには、過激な手段《しゅだん》や違法《いほう》な手法《しゅほう》も使うという考え。

宗《しゅう》教《きょう》原《げん》理《り》主《しゅ》義《ぎ》だ。そのためにかつて神《かみ》の名においておぞましい宗教戦争《しゅうきょうせんそう》がおこなわれたのだ。

おそらく人類《じんるい》の歴史《れきし》で、いちばん政治的《せいじてき》にむごたらしいことがおこなわれたのは、二十世紀《せいき》だろう。幕開《まくあ》けは、第《だい》一次《じ》世界大戦《たいせん》（1914年〜1918年）。何百万もの人が無残《むざん》にも命《いのち》を落とした。

戦争とは、はじまるなりたちまち怪物《かいぶつ》と化《か》す性質《せいしつ》をもつ。政治のシステムや非《ひ》人間的な命令《めいれい》のもと、人の命がなんの価値《かち》もないかのように失《うしな》われていく。

だが、第一次世界大戦後、さらにおそろしいことが待っていた。六百万、もしくはそれ以上《いじょう》のユダヤ人が、**ナチス**によりガ

宗教原理主義《しゅうきょうげんりしゅぎ》
教典《きょうてん》（キリスト教では聖《せい》書《しょ》、イスラム教ではコーラン）に書かれているおしえや理念《りねん》を絶対《ぜったい》とし、近代《きんだい》でなされてきた解釈《かいしゃく》や思想《しそう》を邪教《じゃきょう》とみなす考え。

ナチス
1919年に設立《せつりつ》されたドイツの政党《せいとう》。アドルフ・ヒトラーが指導《しどう》者《しゃ》として率《ひき》い、1933年に政権《せいけん》を獲得《かくとく》した後、独裁《どくさい》体制《たいせい》をしいた。1945年、第《だい》二次《じ》世界大戦《たいせん》のドイツ敗《はい》戦《せん》により解党《かいとう》した。

ス室に入れられたり、焼《や》かれたりして虐殺《ぎゃくさつ》された。その理由はただひとつ、ドイツのヒトラー政権《せいけん》がユダヤ人を悪《あく》だと決《き》めつけたからだ。

この惨劇《さんげき》は「**ホロコースト**」や「**ショアー**」とよばれ、当時《とうじ》ヨーロッパにいたユダヤ人の三分の二にもおよぶ人々が、ナチスドイツにより命《いのち》を奪《うば》われた。ナチスは近代《きんだい》技術《ぎじゅつ》を駆使《くし》し、まるで殺人《さつじん》工場のように秩序《ちつじょ》だって、ユダヤ人たちをつぎつぎと殺《ころ》していったのである。多くの映像《えいぞう》や資料《しりょう》が残《のこ》されているにもかかわらず、そのむごたらしさはわたしたちの想像《そうぞう》のおよぶ範《はん》囲《い》をはるかに超《こ》えている。

これほどまでに人間のもつ冷酷《れいこく》さや残虐性《ざんぎゃくせい》がさらけだされた

ホロコースト
古代《こだい》ユダヤ教で、獣《けもの》を丸焼《まるや》きにして神《かみ》にそなえることをあらわす言葉。そこからナチスによるユダヤ人の大量虐殺《ぎゃくさつ》をあらわす言葉になった。

ショアー
ヘブライ語で「滅亡《めつぼう》」「壊滅《かいめつ》」「天災《てんさい》」の意味。そこからナチスのユダヤ人絶滅《ぜつめつ》計画をあらわす言葉になった。

のは、歴史《れきし》上ではじめてだった。狂気《きょうき》が近代技術《きんだいぎじゅつ》とむすびつき、とめどなくふくれあがっていったさいしょの例《れい》だろう。人間のもつ残酷《ざんこく》さ、非《ひ》人間性は、ひとたび姿《すがた》をあらわすと、怪物《かいぶつ》のようにどこまでも際限《さいげん》なく大きくなっていく。言葉では語りつくせないほど、おそろしいものだ。

ナチスのおぞましい行為《こうい》の責任《せきにん》を、ヒトラーだけにおしつけることはできない。ヒトラーがとんでもない怪物で、狂気により国全体をみちびいたのだとして終《お》わりにしてはならないのだ。どんなふうに怪物が、まずは小さな幼虫《ようちゅう》の姿《すがた》でひそかに存在《そんざい》しているのか。**匿名**《とくめい》でいられるのをいいことに、わたしたちのもつおぞましい側面《そくめん》がおさえられなくなるとき、どんなふ

匿名《とくめい》

自分の名前をかくして、知《し》らせないこと。本名《ほんみょう》ではなく、ペンネームなど別名《べつめい》を使うこと。インターネット上の書きこみでも、よく本名ではなくニックネームを使うが、そのせいで発言が必要以上《いじょう》に攻撃的《こうげきてき》になっているのが見られる場合もある。

うにその幼虫が集団《しゅうだん》のなかで大きく成長《せいちょう》していくことになるのか。これをよく考えてみなくてはならない。

ナチスはアーリア人がほかの民族《みんぞく》よりすぐれていると信《しん》じ（それは近代《きんだい》の遺伝子学《いでんしがく》で、なんの根拠《こんきょ》もないことが証明《しょうめい》されている）、ユダヤ民族《みんぞく》を悪《あく》とみなして、根絶《ねだ》やしにしようとした。

このおそろしい考えは、伝染病《でんせんびょう》のように何千人もの人々のあいだにひろがり、残酷《ざんこく》な行為《こうい》にかりたて、いつのまにか国全体がそれをあたりまえのことと考えるようになってしまった。そうしてむくむくとふくれあがり、身《み》の毛《け》もよだつような殺人《さつじん》システムが完成《かんせい》し、ついにはだれにも止められなくなってしまうのだ。どんな神話《しんわ》の怪物《かいぶつ》よりもおそろしい。

イマニュエル・カント
（1724年〜1804年）
ドイツの哲学者《てつがくしゃ》。ドイツをはなれることはまれだったが、大の旅行好《ず》きで、世界のさまざまな場所について多くの知識《ちしき》をもっていた。若《わか》いころは天文学《てんもんがく》や自然地理学に没頭《ぼっとう》し、太陽系《けい》の起源《きげん》のほか、ほかの惑星《わくせい》の住人《じゅうにん》についても論《ろん》じている。

生き物が育っていく過程《かてい》で、
できそこないや、ゆがみが生《しょう》じることがある。
なにか欠けていたり、
成長《せいちょう》をさまたげるものがあったりするにもかかわらず、
そのまま成長しようとして、
見たこともない異常《いじょう》な姿《すがた》の生き物になってしまうのだ。

カント

二十世紀《せいき》の怪物《かいぶつ》は、まだほかにもいる。旧《きゅう》ソビエト連邦《れんぽう》（現《げん》在《ざい》のロシア連邦）のスターリン体制《たいせい》。または中国の毛沢東《もうたくとう》政権《せいけん》。その残虐《ざんぎゃく》さにおいても規模《きぼ》においても、化《ば》け物《もの》とよぶにふさわしい。

西洋諸国《しょこく》だって、植民地支配《しょくみんちしはい》を通して、アフリカやアジアの人々や、アメリカの原住民《げんじゅうみん》たちをひどく苦《くる》しめた。その結果《けっか》、世界各地にたくさんの独裁的《どくさいてき》かつ全体主義《しゅぎ》的な政府《せいふ》が生まれ、多くの血《ち》が流された。

ときには民衆《みんしゅう》どうしが、人種《じんしゅ》、国籍《こくせき》、文化《ぶんか》、宗教《しゅうきょう》などのちがいにより血みどろのあらそいをすることだってある。

そして最近《さいきん》になって、また新たに悪魔《あくま》のような事件《じけん》が起《お》こっ

スターリン
（1878年～1953年）
旧《きゅう》ソ連《れん》の独裁政治家《どくさいせいじか》。ロシア革命《かくめい》で活躍《かつやく》。その後、国の指導権《しどうけん》をにぎった。1928年から「五カ年計画」をすすめるが、多くの反対派《はんたいは》や農民《のうみん》、少数民族《しょうすうみんぞく》を弾圧《だんあつ》、処刑《しょけい》した。第《だい》二次世《じ》界大戦《たいせん》ではアメリカ合衆国《がっしゅうこく》などと共同戦線《きょうどうせんせん》を張《は》り、対《たい》ドイツ戦《せん》を勝利にみちびいた。死後《しご》、その独裁的政治をきびしく批判《ひはん》された。

た。2001年、満員《まんいん》の乗客《じょうきゃく》を乗《の》せたジャンボ旅客機《りょかくき》が、何千もの人々が働く、ニューヨークのビルにつっこんだのである。それは「アメリカ同時多発《どうじたはつ》テロ事件《じけん》」とよばれ、これまで見たことも聞いたこともない規模《きぼ》のテロ事件だった。

こうしたテロリストが怪物《かいぶつ》のように思われるのは、なぜだろう。野獣《やじゅう》の獰猛《どうもう》さと人間性とが入りまじっているからだろうか。それとも残酷《ざんこく》さと宗教《しゅうきょう》を一途《いちず》に信《しん》じる純粋《じゅんすい》さとが入りまじっているからだろうか。いやそれよりも、**人間の心にロボットのような機械《きかい》じかけが組みこまれてしまっている、そのことがおそろしいのだ。**犯人《はんにん》であるテロリストたちは正真正銘《しょうしんしょうめい》、生きた「殺人兵器《さつじんへいき》」に変身《へんしん》して、もしくは他人によって変身させられ

毛沢東
（1893年～1976年）中国の政治家《せいじか》、思想家《しそうか》。1949年、中華人民共和《ちゅうかじんみんきょうわ》国《こく》を建国《けんこく》。国家主席《しゅせき》に就任《しゅうにん》して新中国の建設《けんせつ》を指導《しどう》した。「文化大革命《ぶんかだいかくめい》」を起《お》こし、多数の国民《こくみん》を虐殺《ぎゃくさつ》したほか「大躍進《だいやくしん》」などの農業・工業政策《せいさく》を強制《きょうせい》し、その失敗《しっぱい》によって飢饉《ききん》と餓死者《がししゃ》を発生させた。大きな業績《ぎょうせき》を残《のこ》した人物と評価《ひょうか》されるいっぽう、その政策については現在《げんざい》でも議論《ぎろん》の対象《たいしょう》となっている。

全体主義《しゅぎ》
個人《こじん》は全体の目標《もくひょう》をいちばん大切にして、そのためには全員が協力するべきだとする考えかた。

てしまっていたのである。

わたしたちがもっとも不気味《ぶきみ》に思うのは、テロリストたちの獣《けもの》ともよぶべき獰猛《どうもう》さではなく、まるでロボットのように理性《りせい》も感情《かんじょう》もぬけ落ちている（すくなくとも、彼《かれ》らが殺人《さつじん》を犯《おか》す瞬《しゅん》間《かん》に）ことなのである。自分たちが恐怖《きょうふ》をまきちらそうとしていることに、恐怖を感じていないことが、たまらなくこわい。

怪物《かいぶつ》のほとんどがそうであるように、テロリストもふたつの要素《ようそ》の「交雑《こうざつ》」だ。しかも「人間」と「ロボット」との交雑なのである。それこそがなによりも危険《きけん》なのだ。

10

理《り》性《せい》が眠《ねむ》ったとき、怪《かい》物《ぶつ》が生まれる

見たこともないほどゆがんだ姿形《すがたかたち》、なみはずれた大きさ、あまりに行きすぎたもの、みにくさ。得《え》体《たい》の知《し》れない、化《ば》け物《もの》じみたものに、わたしたちはぞっとし、ひじょうな恐怖《きょうふ》を感じる。

これまでいっしょに考えてきたように、世《よ》の中《なか》にある得体の知れないものをおさえようとするのが哲学《てつがく》だ。精神的《せいしんてき》なもの（狂気《きょうき》）であれ、じっさいの行動（残虐行為《ざんぎゃくこうい》、独裁《どくさい》、不正《ふせい》など）であれ、それを解《と》きあかし、なくそうとする。

そんな哲学の武器《ぶき》は、剣《けん》ではなく理性《りせい》だ。ペルセウスのほんとうの武器《ぶき》が、メデューサの首《くび》を切《き》り落とした剣《けん》ではなく、知《ち》恵《え》であったように。

そして哲学《てつがく》の英雄《えいゆう》は、悪《あく》を倒《たお》すために、つねに理性《りせい》をそなえていなくてはならない。戦争《せんそう》や犯罪《はんざい》を生みだす可能性《かのうせい》のある、さまざまな幻《まぼろし》や衝動《しょうどう》に負けてはならないのだ。

「理性が眠《ねむ》ると怪物《かいぶつ》が生まれる」と人は言う。これはスペインの画家**ゴヤ**の版画《はんが》のタイトルでもある。ゴヤは本に顔を伏《ふ》せて眠る男のまわりに、コウモリなど、さまざまな闇《やみ》の生き物や怪物がうようよと集まっている様子を描《えが》いた。

だが、ここでいくつかの疑問《ぎもん》が、わたしたちの心にうかぶ。

だったら、理性はけっして眠ってはいけないのか？　人はど

フランシスコ・ホセ・デ・ゴヤ・イ・ルシエンテス（1746年～1828年）スペイン最大《さいだい》の画家のひとり。宮廷《きゅうてい》画家として名声《めいせい》をなしつつも、多くの風刺画《ふうしが》や戦争《せんそう》の悲惨《ひさん》さをつたえる数々の絵も残《のこ》した。「理性《りせい》が眠《ねむ》ると怪物《かいぶつ》が生まれる」のデッサンに、「理性に見はなされた想像力《そうぞうりょく》は、ありうべからぬ怪物を生む。理性とむすびつけられてこそ想像力は、あらゆる芸術《げいじゅつ》の母となり、あらゆる驚嘆《きょうたん》の源《みなもと》となる」と書きつけていた。

んなときも理性的《りせいてき》で分別《ふんべつ》をもっていられるのか？

ときには理性が眠《ねむ》り、夢《ゆめ》を見る時間も必要なのではないだろうか？ 仮《かり》に怪物《かいぶつ》を生みだす可能性《かのうせい》があっても、想像力《そうぞうりょく》を自由《じゆう》にはばたかせてみなくては、新しいものや新しい感性《かんせい》を発見《はっけん》することはできないのだ。

たとえば芸術家《げいじゅつか》は、理性にしばられていたら、創作《そうさく》はできない。芸術家が自分を解《と》きはなってつくった作品は、しばしばわたしたちの心をかきみだし、どこかおそろしく、不気味《ぶきみ》にさえ感じられることもあるだろう。しかし、「怪物」が想像上にとどまるかぎり、それはすばらしい刺激《しげき》となり、なにか思いもよらない新しいものをつくりだすきっかけになってくれる。

ヴィクトル・ユゴー
（1802年～1885年）十九世紀《せいき》フランスの作家、政治家《せいじか》。みにくい容貌《ようぼう》をした主人公《しゅじんこう》カジモドが、恋《こい》する女性《じょせい》に拒絶《きょぜつ》されながらも、最後まで彼女《かのじょ》を守《まも》りぬこうとする『ノートルダムのせむし男』を書いた。ほかの代表作《だいひょうさく》に『レ・ミゼラブル』などがある。

（『ノートルダムのせむし男』の主人公《しゅじんこう》カジモドについて）

カジモドの体はなにもかもねじまがっていた。
やたらと大きな頭とぼさぼさの赤毛。
背中《せなか》のまんなかには巨大《きょだい》なこぶがもりあがり、
胸《むね》にもひとつせりあがっている。
奇妙《きみょう》によじれた両足は
ひざのところでしかふれあわず、
正面《しょうめん》から見ると
二挺《ちょう》の三日月鎌《みかづきがま》が柄《え》のところでくっついているみたいだった。

ヴィクトル・ユゴー

眠《ねむ》っているあいだに見る夢《ゆめ》はあまりにとりとめないせいで、かつて長いあいだ、学者たちからよくないもの、心に巣《す》くう怪物《かいぶつ》だとみなされてきた。しかし現代《げんだい》になって、じつはわたしたちの心の奥底《おくそこ》にある無意識《むいしき》を表現《ひょうげん》する、なくてはならないものだということがわかってきた。それをまったく意識しないでいると、かえって害《がい》があるのだ。

それに理性《りせい》も行きすぎると、怪物を生みはしないだろうか？

なにもかもを理性でわりきるために、きびしく規制《きせい》するとしたら？　むだなく能率的《のうりつてき》にすることだけを目的《もくてき》に、意外性《いがいせい》、思いつき、きままな想像力《そうぞうりょく》、説明のつかないもの、奇妙《きみょう》なもの、いびつなものを完全《かんぜん》になくそうとしたら？

おもしろいことに、すべてを理性的《りせいてき》にして、効率《こうりつ》だけを考えると、理性は理性でなくなってしまう。理性が怪物《かいぶつ》と化《か》すのだ。

その例《れい》が「全体主義《しゅぎ》」という政治《せいじ》のやりかただ。正しいとするひとつの考えを、社会だけでなく国民《こくみん》全員の心におしつけて、それを理《り》にかなっているとする。ちょうどナチスの指導者《しどうしゃ》たちが、ユダヤ人虐殺《ぎゃくさつ》をできるかぎり**合理化**《ごうりか》しようとしたように。

考えたり、批判《ひはん》したりする精神《せいしん》が働かなくなると、怪物的なものが出現《しゅつげん》する。ならば、怪物じみたおそろしいものの存在《そんざい》をみとめ、それを注意深《ぶか》く観察《かんさつ》することが大切だ。だって怪物が完全《かんぜん》に人間のなかから消えることは、けっしてないのだから。非《ひ》人間性は人間の一部であり、もうひとつの顔なのだ。

合理化《ごうりか》
道理《どうり》にかなうようにすること。またもっともらしく理由づけをすること。

世《よ》の中《なか》や人の心に巣《す》くう怪物《かいぶつ》に立ちむかうとき、ときに理性《りせい》を使うより知恵《ちえ》を使うほうがいい場合がある。ちょうどペルセウスが楯《たて》を鏡《かがみ》にして、見る人を石にするメデューサの目を直接《ちょくせつ》見ないようにしながら、この怪物を倒《たお》したように。

ヘラクレスは九つの頭をもつ海蛇《うみへび》の怪物ヒドラと戦《たたか》った。ヘラクレスがヒドラの首《くび》をひとつ切り落とすと、たちまちふたつ生えてくる。そこでヘラクレスは傷口《きずぐち》を火で焼《や》くことで、八つの首を切り落としたが、最後《さいご》のひとつは不死身《ふじみ》だったので、どうしても殺《ころ》すことができない。そのため地中深《ふか》く埋《う》め、その上に大きな岩《いわ》をのせて逃《に》げられないようにした。

ハワード・フィリップス・ラヴクラフト

（1890年〜1937年）アメリカ合衆国《がっしゅうこく》の小説家。「宇宙的恐怖《うちゅうてききょうふ》（コズミック・ホラー）」とよばれるSF《エスエフ》ホラー小説で有名《ゆうめい》。生前《せいぜん》、文学的に高い評価《ひょうか》はうけなかったが、死後《しご》、再《さい》評価《ひょうか》される。エドガー・アラン・ポーとならんで怪奇《かいき》幻想《げんそう》小説界に大きな影響《えいきょう》をあたえる存在《そんざい》。作品に『チャールズ・ウォードの奇怪《きかい》な事件《じけん》』などがある。

こいつがいったいなにに似《に》ているのか、
まったく言いあらわしようがない。
なぜなら不潔《ふけつ》で、不気味《ぶきみ》で、異常《いじょう》で、いまわしく、
ぞっとするようなすべてのものが
まじりあってできているからだ。
老《お》いさらばえ、腐《くさ》ってドロドロになった悪霊《あくりょう》じみた影《かげ》。
慈悲深《じひぶか》い地球《ちきゅう》がずっとつつみかくそうとしてきたものが、
すさまじい形であらわれた、
吐《は》き気《け》をもよおすような腐汁《ふじゅう》したたる化《ば》け物《もの》なのだ。

ハワード・フィリップス・ラヴクラフト

人が力、理性《りせい》、知恵《ちえ》を使ってどんなにおさえても、悪《あく》や恐怖《きょうふ》の源《みなもと》である怪物的《かいぶつてき》な部分は、このヒドラの不死《ふし》の首のようにかならずよみがえってくるのだ。

ベルトルト・ブレヒトはこんな言葉を残《のこ》している。

「ナチスを産《う》んだ腹《はら》は、まだまだおぞましい悪《あく》をはらむことができる」

人間は理性と考える力をそなえ、恐怖や心をつき動かす衝動《しょうどう》をおさえることができる存在《そんざい》だ。だからこそわたしたちは、自分がつくりだすものにたえず心をはらい、用心しなくてはならない。すばらしいものが生まれる場合もあれば、おぞましい怪物が誕生《たんじょう》する場合もあるだろう。そしてそれをつくりだすのは、

ベルトルト・ブレヒト
（1898年〜1956年）
ドイツの劇作家《げきさっか》。1922年に上演《じょうえん》された「夜うつ太鼓《たいこ》」で脚光《きゃっこう》を浴《あ》びる。代表作《だいひょうさく》に「三文《さんもん》オペラ」「肝《きも》っ玉《たま》おっ母とその子供たち」など。第二次《だいにじ》世界大戦《たいせん》中はナチスの手を逃《のが》れて各国で亡命《ぼうめい》生活を送った。観客《かんきゃく》に、劇の登場人物に感《かん》情移入《じょういにゅう》させる従来《じゅうらい》の演劇《えんげき》と異《こと》なり、客観的《きゃっかんてき》・批判的《ひはんてき》に劇を見るよう促《うなが》す「叙事的《じょじてき》演劇」を提唱《ていしょう》した。

わたしたちの想像《そうぞう》力かもしれないし、不安《ふあん》かもしれない。しかしいずれにせよ、わたしたちは目をひらき、それにしっかりとむきあう以外《いがい》ないのだ。

参考図書

　この本にでてくる哲学者の言葉は、彼らが著書に記した文章の一部です。また、この本には小説の抜粋も登場しますが、これらをふくめ、訳者が10代のみなさんにわかりやすいように訳しました。

　以下にそれらの書籍を記しています。邦訳があるものはそのタイトルを、未邦訳のものはタイトルを訳して記しています。

P13　『ニーチェ全集　11』フリードリッヒ・ニーチェ／著
　　信太正三／訳（筑摩書房　1993年）

P27　『怪物の性質、原因、相違について』
　　フォルチューニオ・リチェティ／著　（1616年　未邦訳）

P39　『パンセ』 パスカル／著　由木　康／訳（白水社　1990年）

P57　『魔王』（上）ミシェル・トゥルニエ／著　植田祐次／訳
　　（みすず書房　2001年）

P73　『カント全集　9』カント／著　牧野英二／訳
　　（岩波書店　2000年）

P81　『世界文学全集　39』ヴィクトル・ユゴー／著
　　辻　昶、松下和則／訳　（講談社　1975年）

P87　『ラヴクラフト全集　3』
　　H・P・ラヴクラフト／著　大瀧啓裕／訳
　　（東京創元社　1984年）

作者

ピエール・ペジュ

哲学者、小説家、エッセイスト。フランス、リヨン生まれ。家族は本屋を経営していた。哲学にかんする数多くの著作にくわえ、戯曲や童話も書き、ドイツのロマン派童話にかんするエッセーもある。主な著書に『Le rire de l'ogre』『La petite chartreuse』(ともにガリマール刊、未邦訳)などがある。現在、グルノーブルとパリのインターナショナルスクールで、哲学を教えている。

画家

ステファヌ・ブランケ

1973年生まれ。16歳で自分の出版社を立ち上げ、個性的なコミック作品を出版。コミックやデザインの仕事のほか、新聞や雑誌の挿絵も描く。また非常に独特な作風をもち、自伝的な童話や妖精のでてくるおとぎ話もつくっている。著書に『幸福の花束』(中条省平／訳、パロル舎、2005年)などがある。

訳者

伏見　操(ふしみ・みさを)

1970年生まれ。英語、フランス語の翻訳をしながら、東京都に暮らす。訳者の仕事はいろいろな本や世界がのぞけるだけでなく、本づくりを通して人と出会えるのが楽しいと思っている。訳書に『トビー・ロルネス』(岩崎書店)、『バスの女運転手』(くもん出版)、『殺人者の涙』(小峰書店)など。

編集協力

杉山直樹(すぎやま・なおき)

学習院大学教授。専門はフランス哲学。海辺とノラ猫を思索の友とする。

10代の哲学さんぽ　5

怪物
——わたしたちのべつの顔？

2011年9月30日　第1刷発行
2018年4月30日　第4刷発行

作者
ピエール・ペジュ
画家
ステファヌ・ブランケ
訳者
伏見　操
発行者
岩崎夏海
発行所
株式会社 岩崎書店
〒112-0005　東京都文京区水道1-9-2
電話　03-3812-9131(営業)　03-3813-5526(編集)
振替　00170-5-96822
印刷
株式会社 光陽メディア
製本
株式会社 若林製本工場
装丁
矛弦デザイン
NDC 100

ISBN978-4-265-07905-6　©2011 Misao Fushimi
Published by IWASAKI Publishing Co.,Ltd. Printed in Japan

ご意見ご感想をお寄せください。　E-mail　hiroba@iwasakishoten.co.jp
岩崎書店ホームページ　http://www.iwasakishoten.co.jp
落丁本・乱丁本は小社負担にておとりかえいたします。

10代の
哲学さんぽ

全10巻

第1巻　天才のら犬、教授《きょうじゅ》といっしょに哲学《てつがく》する。
人間ってなに？

第2巻　自由ってなに？
人間はみんな自由って、ほんとう？

第3巻　なぜ世界には戦争があるんだろう。
どうして人はあらそうの？

第4巻　動物には心があるの？
人間と動物はどうちがうの？

第5巻　怪物《かいぶつ》
——わたしたちのべつの顔？

第6巻　したがう？　したがわない？
どうやって判断《はんだん》するの？

第7巻　死ってなんだろう。
死はすべての終わりなの？

第8巻　人がいじわるをする理由はなに？

第9巻　働くってどんなこと？
人はなぜ仕事をするの？

第10巻　時間ってなに？
流れるのは時？それともわたしたち？